CHRISITAN LIBENS ET JEAN-PAUL DELEIXHE

LA BELLE HISTOIRE

GRANDS ÉVÈNEMENTS BELGES ET MONUMENTS CÉLÈBRES

Paris

www.editionspixl.com

ISBN : 978-2-930757-96-4 – EAN : 9782930757964

Dépôt légal : D/2016/9685/26

1

1914 vit naître une grande première en Belgique. S'agissait-il des congés payés, de l'enseignement primaire obligatoire ou de la priorité de droite ?

2

550 enfants fuyant la guerre civile qui sévissait dans leur pays furent recueillis par le gouvernement belge en 1939. De quel pays provenaient-ils?

3

À quel âge le roi Baudouin accéda-t-il au Trône de Belgique : 18, 21 ou 23 ans?

4

À quel rang se trouve la princesse Élisabeth dans l'ordre de succession au trône?

5

« Ceci n'est pas une pipe » est le texte figurant sur un tableau célèbre intitulé *La Trahison des images*. Qui en est l'auteur?

Réponses

1. L'enseignement primaire obligatoire et gratuit
2. D'Espagne
3. À 21 ans
4. Premier, derrière son père Philippe, notre roi
5. René Magritte (1898-1967)

6 À quelle date a lieu chaque année la Fête du Roi ?

7 À quelle date exacte la Belgique doit-elle capituler face à l'envahisseur nazi en 1940 ?

8 À quelle famille princière le château de Belœil appartient-il depuis le XIVe siècle ?

9 À quelles élections législatives les jeunes purent-ils voter pour la première fois dès 18 ans : 1976, 1981 ou 1986 ?

10 À son indépendance, l'Urundi devient le Burundi. Quelle forme d'État adopte-t-il alors : la république, la monarchie ou l'empire ?

Réponses

6 Le 15 novembre

7 Le 28 mai

8 À la famille des princes de Ligne

9 1981

10 La monarchie,
le Royaume du Burundi

11

« Waterloo ! Waterloo ! Waterloo ! Morne plaine ! ... » À qui devons-nous ce vers célèbre ?

12

Après la victoire de 1918, la Belgique reçoit deux territoires au centre de l'Afrique. L'un est le Rwanda, quel est l'autre ?

13

Au cours de quelle croisade Godefroid de Bouillon a-t-il fondé le royaume chrétien de Jérusalem ?

14

Aux abords de quelle ville eut lieu la bataille des Éperons d'or ?

15

Bien avant de faire parler de lui à Poitiers en 732, le grand-père de Charlemagne était né à Theux, près de Spa. Son nom ?

Réponses

11 À Victor Hugo (1802-1885)

12 L'Urundi (aujourd'hui appelé Burundi)

13 La première croisade (en 1099)

14 Courtrai

15 Charles Martel (688-741)

16

Ce cardinal belge a été l'un des grands acteurs du Concile Vatican II. Quel est son nom?

17

Ce fort de la ceinture anversoise fut transformé par les nazis en un véritable camp de concentration où près de 4000 personnes furent emprisonnées entre septembre 1940 et août 1944. Son nom?

18

Ce mot fut utilisé pour la première fois en 1844 par Charles Grandgagnage; était-ce pékèt, Tchantchès ou Wallonie?

19

C'est entre Bruxelles et Anvers qu'on inaugura la première ligne ferroviaire électrifiée; était-ce en 1934, 1944 ou 1954?

20

Charlotte, sœur de Léopold II, épousa l'empereur Maximilien. De quel pays devint-elle ainsi l'impératrice?

Réponses

16 Mgr Suenens

17 Breendonk

18 Wallonie

19 En 1934

20 Du Mexique

21

Alechinsky, Somville, Collignon, Dotremont... Lequel de ces peintres n'a pas appartenu au Groupe Cobra?

22

Combien de lions héraldiques comptent les grandes armoiries du Royaume dans lesquelles figurent les blasons des provinces : 9, 12 ou 22?

23

Ce grand peintre, alors inconnu, partagea la vie des mineurs de Cuesmes de 1879 à 1880 afin de les évangéliser. Son nom?

24

Combien de provinces belges n'ont pas de lion héraldique dans leurs armoiries?

25

Comment s'appelle ce chef des Éburons qui souleva une partie de la Belgique contre César en 54 avant J.-C., et auquel la ville de Tongres a élevé une statue?

Réponses

21 Roger Somville

22 22

23 Vincent Van Gogh (1853-1890)

24 Une seule : Anvers

25 Ambiorix

26 Comment s'appelle cet ancien voilier-école de la marine marchande belge qu'on visite au port d'Ostende ?

27 Comment s'est appelé l'ancien Congo belge avant de redevenir le Congo ?

28 Créée en 1850, cette banque donna à la Belgique sa crédibilité financière. De quelle banque s'agit-il ?

29 Dans quelle localité la Vierge Marie fit-elle plusieurs apparitions devant 5 enfants entre le 29 novembre 1932 et 3 janvier 1933 ?

30 De quel pays Marie-José, sœur du roi Léopold III et du prince Charles, a-t-elle été la reine éphémère en 1946 ?

Réponses

26 Le Mercator

27 Le Zaïre

28 La Banque nationale

29 À Beauraing

30 De l'Italie

31

De quel signe distinctif dota-t-on les automobiles en 1900 ?

32

De quel souverain l'Ommegang rappelle-t-il la Joyeuse Entrée à Bruxelles : Charlemagne, Charles Quint ou Léopold Ier ?

33

De quelle activité vivait un sixième de la population bruxelloise au XVIIIe siècle : la fabrication de la gueuze, de la dentelle ou de tapis ?

34

Depuis la partition du Brabant, il ne subsiste qu'une seule province bilingue en Belgique, laquelle ?

35

Depuis quelle année est-on majeur à 18 ans ? (à 5 ans près)

Réponses

31 De plaques minéralogiques

32 Charles Quint (1500-1558)

33 De la dentelle

34 La province de Liège, dont la partie orientale est germanophone

35 Depuis 1990

36

En 1830, le Congrès national choisit la monarchie constitutionnelle comme type de régime. 174 membres du Congrès votèrent pour la monarchie. Combien votèrent pour la république : 13, 57 ou 129?

37

En 1880, quel était le salaire quotidien d'un ouvrier en équivalent d'œufs ou de pain?

38

En 1880, quelle était la part de la main-d'œuvre féminine : 20 %, 30 % ou 40 %?

39

En 1895, quelle était la proportion de miliciens qui ne savaient ni écrire ni compter : 25 %, 50 % ou 75 %?

40

En 1928, on inaugura une nouvelle liaison téléphonique; reliait-elle Bruxelles à Londres, à Léopoldville ou à New York?

Réponses

36 — 13 seulement

37 — Cela représentait soit six œufs, soit deux pains

38 — 40 %

39 — 50 %

40 — À New York

41

En 1946, Jenny Bruylant fut-elle la première femme professeur d'université, la première hôtesse de l'air ou la première policière ?

42

En 1946, un Belge est élu président de l'Assemblée des Nations Unies. Est-ce Paul-Henri Spaak, Jean Rey ou Pierre Harmel ?

43

En 1967, la SNCB les a mises au rancart... De quoi s'agit-il ?

44

En combien de départements la Belgique fut-elle divisée durant l'occupation française ?

45

En mai 1940, les troupes nazies attaquent la Belgique. À quelle date précise ?

Réponses

41 La première hôtesse de l'air

42 Paul-Henri Spaak (1899-1972)

43 Des locomotives à vapeur

44 En 9

45 Le 10 mai

46

À quel siècle eut lieu la célèbre bataille des Éperons d'or ?

47

À quel siècle la vigne est-elle introduite chez nous ? (à 2 siècles près)

48

En quelle année Baudouin prêta-t-il serment comme roi des Belges ?

49

En quelle année eut lieu la bataille de Waterloo ?

50

En quelle année eut lieu la scission de l'université de Louvain : 1958, 1968 ou 1978 ?

Réponses

46 Au XIVe siècle (1302)

47 Au VIIe siècle

48 En 1951

49 En 1815

50 En 1968

51

En quelle année eut lieu, à Bruxelles, la révolution contre Guillaume Ier, roi des Pays-Bas ?

52

En quelle année Jean-Paul II a-t-il rendu visite aux Belges pour la première fois ?

53

En quelle année la commune de Fouron fut-elle rattachée à la province du Limbourg ? (à 10 ans près)

54

En quelle année la loi votée en 1914 qui instaurait l'enseignement gratuit et obligatoire jusqu'à 14 ans a-t-elle été appliquée ?

55

En quelle année la principauté de Liège a-t-elle fêté son millénaire, est-ce en 1936, 1958 ou 1980 ?

Réponses

51 En 1830

52 En 1985

53 En 1962

54 En 1919

55 En 1980

56

Entre quelles villes fut établie la première ligne ferroviaire belge ?

57

En quelle année le Congo belge devient-il indépendant ?

58

En quelle année le prince Albert épousa-t-il la princesse Paola ?

59

En quelle année le roi Baudouin épousa-t-il Fabiola ?

60

En quelle année Léopold II devient-il souverain de l'État indépendant du Congo (à 20 ans près) ?

Réponses

56 Entre Bruxelles et Malines

57 En 1960

58 En 1959

59 En 1960

60 En 1885

61

En quelle année Léopold II donna-t-il le Congo, jusqu'alors sa propriété personnelle, à la Belgique ? (à 10 ans près)

62

En quelle année les femmes belges obtinrent-elles le droit de vote aux législatives ?

63

En quelle année les femmes belges votèrent-elles pour la première fois aux élections communales ?

64

En quelle année l'occupant nazi instaure-t-il le Service du travail obligatoire ?

65

Quand les femmes accèdent-elles à deux fonctions jusque-là réservées aux hommes : procureur du Roi et gendarme ? Était-ce en 1961, 1971 ou 1981 ?

Réponses

61 En 1908

62 En 1948

63 En 1921

64 En mars 1942

65 En 1981

66

En quelle année la ville de Bruxelles a-t-elle fêté son millénaire ; est-ce en 1958, 1969 ou 1979 ?

67

Fondée en 1070 par des bénédictins venus de Calabre, cette abbaye est aujourd'hui occupée par des moines trappistes. Son nom ?

68

Ce peintre, mort en 1441, est probablement l'inventeur de la peinture à l'huile. Son chef-d'œuvre est le retable de l'Agneau mystique. Quel est son nom ?

69

Joseph De Veuster a consacré sa vie aux lépreux des îles Hawaï. Il meurt de la lèpre en 1889. Sous quel nom est-il célèbre ?

70

La Belgique fut le premier pays d'Europe continentale à inaugurer une liaison ferroviaire. À dix ans près, donnez cette date.

Réponses

66 En 1979

67 L'abbaye d'Orval

68 Jan Van Eyck (1390-1441)

69 Le père Damien (1840-1889)

70 En 1835

71

La première chaîne de magasins à succursales au monde naît à Charleroi en 1867. Son nom ?

72

Laquelle de nos universités servit de modèle au Collège de France à Paris ?

73

Le lieutenant Thieffry inaugure en 1925 une nouvelle liaison aérienne. Relia-t-elle Bruxelles à Londres, à Moscou ou à Léopoldville ?

74

Le prince Charles, frère de Léopold III, remplaça celui-ci de 1944 à 1950 sans jamais devenir roi. Quel titre portait-il alors ?

75

Le projet de liaison ferroviaire entre les gares bruxelloises est lancé en 1903. En quelle année la jonction Nord-Midi sera-t-elle inaugurée : 1922, 1932 ou 1952 ?

Réponses

71 Delhaize le Lion

72 L’université de Louvain

73 Bruxelles-Léopoldville

74 Celui de régent du Royaume

75 En 1952

76

Le roi Baudouin nous a quittés un 31 juillet, mais de quelle année ?

77

Lequel de ces ordres religieux n'a pas été fondé en Belgique : les croisiers, les pères de Scheut ou les cisterciens ?

78

Lequel de ces titres de journal existait déjà au XVIIIe siècle : Le Soir, La Meuse ou La Gazette de Liège ?

79

Lequel de ces trois hebdos nés dans l'Entre-deux-guerres paraît encore aujourd'hui : Le Patriote illustré, Le Soir Magazine ou Pourquoi Pas ?

80

Lequel de nos rois a dit : « Un pays qui touche à la mer n'est jamais petit » ?

Réponses

76 En 1993

77 Les cisterciens

78 La Gazette de Liège

79 Le Soir Magazine (devenu le Soirmag en 2015)

80 Léopold II (1835-1909)

81

Lequel des six règnes précédant celui de Philippe 1er a été le plus long ?

82

Les généraux Grouchy, Ney et Kellerman participèrent à la bataille de Waterloo. Étaient-ils dans le camp de Napoléon ou dans celui de Wellington ?

83

Les vallées de la Haute Amblève, de la Lhomme et de l'Oise ont été jadis les théâtres d'une recherche fiévreuse. Qu'y cherchait-on ?

84

L'homme d'État Jules Destrée était-il libéral, socialiste ou écologiste ?

85

Lucie Dejardin devint-elle en 1929 la première femme chef de gare, député ou policier ?

Réponses

81 Celui de Léopold II (44 ans) devant celui de Baudouin (42 ans)

82 De Napoléon (1769-1821)

83 On y chercha (et y trouva!) de l'or, essentiellement par orpaillage

84 Socialiste

85 Ce fut la première femme élue député (socialiste)

86

Madeleine Cinquin a consacré l'essentiel de son énergie aux bidonvilles du Caire. Quel est son nom de religieuse sous lequel tout le monde la connaît ?

87

Marie de Bourgogne était-elle la fille de Charles Quint, de Charles le Téméraire ou de Philippe le Bon ?

88

Mathilde Schroyens a été parmi les premières femmes bourgmestres d'une grande ville ; était-ce à Bruxelles, à Liège ou à Anvers ?

89

Né à Ath en 1640, le Père Hennepin a exploré la Louisiane et est devenu l'ami des Indiens. De quelle tribu a-t-il étudié la langue : celle des Apaches, celle des Mohicans ou celle des Sioux ?

90

Notre diversité linguistique ne date pas d'hier... Lequel de ces souverains a promulgué 5 édits en français, 4 en flamand et 1 en latin ; Charles Quint, Charlemagne ou le prince Charles ?

Réponses

86 Sœur Emmanuelle

87 De Charles le Téméraire (1433-1477)

88 À Anvers

89 Il a rédigé le premier dictionnaire français-sioux

90 Charles Quint (1500-1558)

91

Nous possédons des iguanodons célèbres. Où ont-ils été découverts ?

92

On pose sa première pierre à Ottignies le 2 février 1971. De quoi s'agit-il ?

93

On visite le Boyau de la Mort près de Dixmude. Il illustre la terrible guerre des tranchées... Durant quelle guerre mondiale a-t-elle eu lieu ?

94

C'est l'un des lieux de naissance supposés de Godefroid de Bouillon : Bruges, Baisy ou Bouillon ?

95

Où le roi Albert Ier installa-t-il son QG durant la guerre 14-18 : à La Panne, à Dixmude ou à Furnes ?

Réponses

91 À Bernissart

92 De l'université catholique de Louvain-la-Neuve

93 La Première Guerre mondiale (14-18)

94 Baisy, en Brabant

95 À Furnes

96

Où le roi Albert II est-il né le 6 juin 1934 ? Est-ce au château du Stuyvenberg, au palais de Laeken ou au palais des Princes-Évêques de Liège ?

97

Où naquit la première université sur le territoire de l'actuelle Belgique ?

98

Parmi ces grandes villes, laquelle a été fondée le plus récemment : Anvers, Bruxelles, Charleroi, Gand, Liège, Malines ou Namur ?

99

Pendant un siècle, la Belgique a partagé avec l'Allemagne la souveraineté sur un minuscule territoire neutre. Était-ce Neutral Moresnet, Frei Eupen ou Ouren libre ?

100

Philippe II était-il le fils de Philippe le Beau, de Philippe le Bon ou de Charles Quint ?

Réponses

96 Au château du Stuyvenberg

97 À Louvain

98 Charleroi (1666)

99 Neutral Moresnet, aujourd'hui dans l'entité de La Calamine (Kelmis)

100 De Charles Quint (1500-1558)

101

Philippe, le second fils de Léopold Ier, refusa une couronne royale étrangère qu'on lui offrait ; était-ce celle du Mexique, de Roumanie ou de Grèce ?

102

Homme de Cro-Magnon, Homme de Néandertal, Homme de Spy... Lequel est un compatriote ?

103

Quand la télévision belge a-t-elle émis ses premières images ? (à dix ans près)

104

Quel Bruxellois du XVIe siècle est considéré comme le précurseur de l'anatomie moderne ?

105

Quel Cardinal succéda à Mgr Suenens en tant que primat de Belgique ?

Réponses

101 De Roumanie

102 L'Homme de Spy… il y a 35 000 ans !

103 En 1953

104 André Vésale (1514-1564)

105 Mgr Danneels

106

Ce poète wavrien est connu dans le monde entier. Il a chanté les choses simples et beaucoup de ses recueils s'adressent aux enfants de tous les âges. Son nom ?

107

Quel était le nom du général allemand qui était à la tête des troupes ennemies lors de la bataille des Ardennes (qui débuta le 16 décembre 1944) ?

108

Quel événement attira 42 millions de visiteurs à Bruxelles en 1958 ?

109

Quel fut le plus grand port maritime de nos provinces au Moyen Âge ?

110

Quel monument vraiment monumental a été élevé en 1826 à l'endroit où le prince d'Orange fut blessé en combattant la Vieille Garde de Napoléon ?

Réponses

106 Maurice Carême (1899-1978)

107 Von Rundstedt (1875-1953)

108 L'Expo 58 au Heysel

109 Bruges

110 La butte de Waterloo, haute de 45 m et surmontée d'un lion de 28 tonnes

111

Quel nom de guerre portaient les « bombes volantes » qui firent tant de dégâts, particulièrement à Liège et à Anvers, à partir de 1944 ?

112

Quel nouveau parti politique est né en 1885 dans le décor bourgeois de la Maison du Cygne sur la Grand-Place ?

113

Quel père dominicain belge reçut le prix Nobel de la paix en 1958 ?

114

Quel personnage royal a été statufié au sommet de la colonne du Congrès à Bruxelles ?

115

Quel prince belge a été surnommé par Goethe « l'homme le plus gai de son siècle » ?

Réponses

111 Les V1 et V2

112 Le Parti ouvrier belge, devenu ensuite le Parti socialiste

113 Le père Pire (1910-1969)

114 Léopold Ier (1790-1865)

115 Charles-Joseph, prince de Ligne (1735-1814)

116 Quel roi des Francs est né à Tournai en 465?

117 Quel roi est né l'année du centenaire de la Belgique?

118 Quel roi fut surnommé le Roi-Chevalier?

119 Quel titre porte la princesse Élisabeth : contesse de Flandre, duchesse de Brabant ou princesse de Liège?

120 Quel titre porte notre hymne national?

Réponses

116 Clovis (465-511)

117 Le roi Baudouin (1930-1993)

118 Albert Ier (1875-1934)

119 Duchesse de Brabant

120 La Brabançonne

121

Quel titre princier Albert II portait-il avant d'être roi ?

122

Quel Tourangeau devenu Anversois d'adoption dès 1549 fut surnommé le prince des imprimeurs ?

123

Quel type d'engin révolutionnaire l'armée a-t-elle acquis pour la première fois en 1910 ?

124

Quelle arme les Allemands utilisèrent-ils pour la première fois à Ypres en avril 1915 ?

125

Quelle est la devise de notre Royaume en flamand ?

Réponses

121 Prince de Liège

122 Christophe Plantin (1514-1589)

123 Un aéroplane

124 Les gaz asphyxiants (l'ypérite)

125 Eendracht maakt macht

126 Quelle est la devise de notre Royaume ?

127 Quelle est la plus ancienne ville belge : Tongres, Tournai ou Bruxelles ?

128 Combien de concurrents sont admis comme finalistes au concours Reine Élisabeth ?

129 Qui était surnommé le Nestor de l'Europe ?

130 Quelle est la seule province qui comporte des lettres dans ses armoiries ?

Réponses

126 L'union fait la force

127 Tongres et Tournai se disputent le titre

128 12

129 Léopold Ier (1790-1865)

130 Liège (L et G entourant le perron)

131

Quelle est la ville natale de Charles Quint ?

132

Quelle était la population belge en 1830 (à 500 000 habitants près) ?

133

Quelle était la religion du roi Léopold Ier ?

134

Quel était le pourcentage de francophones à Bruxelles en 1850 : 30 %, 50 % ou 85 % ?

135

Quelle expression, devenue célèbre, utilisa le général McAuliffe pour signifier «clairement» aux Allemands, qui l'encerclaient dans Bastogne, qu'il n'acceptait pas leur proposition de reddition ?

Réponses

131 Gand

132 3,5 millions d’habitants

133 Le protestantisme

134 30 % (50 % en 1900 et au moins 85 % aujourd’hui)

135 Nuts! (Littéralement «des noix!», librement «merde!», voire «Mes c…!»)

136

Quelle province montre deux mains sur son blason ?

137

Quelle ville fut la capitale des Éburons ?

138

Quelle « drôle de guerre » a occupé la Belgique en 1955 ?

139

Qui a déclaré : « De tous les peuples de la Gaule, les Belges sont les plus braves » ?

140

Qui a dit « Je mettrai Paris dans mon Gand » ; est-ce Charles de Gaulle, Charles de Belgique ou Charles Quint ?

Réponses

136 Anvers

137 Tongres

138 La guerre scolaire

139 Jules César (100 av. J.-C.-44 av. J.-C.)

140 Charles Quint (1500-1558)

141

Qui a libéré Bruxelles en 1944 : les Américains, les Britanniques ou les Français ?

142

Qui le pape Jean-Paul II a-t-il béatifié à Bruxelles en juin 1995 ?

143

Une jeune héroïne de 22 ans est fusillée le 1er avril 1916 par l'occupant allemand pour espionnage ; est-ce Mata Hari, Gabrielle Petit ou Anne-Marie de Huy ?

144

Une seule religion a trouvé ses racines en Belgique. Comment s'appelle-t-elle ?

145

À quelle date exacte Léopold de Saxe-Cobourg Gotha devient-il Léopold Ier de Belgique ?

Réponses

141 Les Britanniques

142 Le père Damien (1840-1889)

143 Gabrielle Petit (1893-1916)

144 L'antoinisme, culte fondé par Louis Antoine à la fin du XIXe siècle

145 Le 21 juillet 1831, lorsqu'il prêta le serment constitutionnel

146

Lelièvre porte-t-il le bouc, la barbe ou la moustache ?

147

Le père d'Yves Leterme se prénomme-t-il Dirk, Jefke ou Georges ?

148

Monseigneur Jousten, évêque de Liège, est-il flamand, germanophone ou marocain ?

149

Ce n'est pas un secret d'État : Léopold II aimait beaucoup les femmes et s'entendait mal avec la sienne, au point que la reine Marie-Henriette termina sa vie loin de son mari. Dans quelle ville ?

150

Cette année fut marquée par l'organisation d'une Exposition universelle et par le décès dramatique de la reine Astrid. De quelle année s'agit-il ?

Réponses

146 Claude Lelièvre, l'ancien délégué aux Droits de l'Enfant, porte de magnifiques moustaches !

147 Georges, le père d'Yves Leterme est Wallon

148 Aloïs Jousten est germanophone, originaire du doyenné d'Eupen

149 À Spa

150 En 1935

151

Combien d'articles comptait la Constitution belge de 1831 : 9, 139 ou 1 390 ?

152

Comment appelle-t-on la Bibliothèque royale : la Léopoldine, l'Albertine ou la Clémentine ?

153

Comment appelle-t-on ce monument en forme d'étoile érigé à Bastogne en mémoire des libérateurs américains : le Char d'assaut, le Canasson ou le Mardasson ?

154

Comment s'appelait cet explorateur émissaire de Léopold II, chargé par celui-ci de recueillir un maximum d'informations sur le continent africain ?

155

Dans quel parc bruxellois l'armée hollandaise fut-elle encerclée par la milice révolutionnaire belge lors des événements de 1830 ?

Réponses

151 139

152 L'Albertine

153 Le Mardasson

154 Henry Morton Stanley (1841-1904)

155 Dans le parc de Bruxelles

156

Dans quel pays la Belgique envoya-t-elle un premier contingent de 650 hommes se battre aux côtés des armées de l'ONU en 1950 ; est-ce au Viêt Nam, en Corée ou au Congo ?

157

Sur quel continent est située la base scientifique belge Princesse Élisabeth ?

158

De quel port le Mercator a-t-il appareillé pour son premier voyage en 1933 : Ostende, Zeebrugge ou Anvers ?

159

Durant la Première Guerre mondiale, le cardinal-primat de Belgique fut assigné à résidence parce qu'il dénonçait courageusement l'occupant. Quel est son nom ?

160

En 1934, Albert Ier fait une chute mortelle en pratiquant l'escalade. Dans quelle localité a eu lieu ce drame ?

Réponses

156 En Corée

157 L'Antarctique

158 Anvers

159 Le cardinal Mercier (1851-1926)

160 À Marche-les-Dames

161

Comment appelle-t-on le peintre Rogier Van Der Weyden en français ?

162

Dans quelle ville le poète Verlaine fut-il incarcéré durant deux années pour avoir tiré sur son ami Rimbaud dans une rue de Bruxelles ?

163

En quelle année le gouvernement a-t-il imposé « les dimanches sans voiture » à la suite de la pénurie de pétrole liée aux conséquences de la guerre de Kippour : 1961, 1973 ou 1986 ?

164

En quelle année les territoires du Ruanda-Urundi accèdent-ils à l'indépendance ; est-ce en 1958, 1960 ou 1962 ?

165

L'emblème du Royaume est le lion. En héraldique, le nôtre est-il dit : dressé, rampant ou flamboyant ?

Réponses

161 Roger de la Pasture (ou de le Pasture) (1399-1464)

162 À Mons

163 En 1973

164 En 1962

165 Il est «rampant», ce qui signifie en héraldique : debout griffes menaçantes, queue relevée!

166

L'État crée les deux premières réserves naturelles domaniales en 1957. L'une est la Fagne de Jalhay, quelle est l'autre ?

167

Quel cardinal a fondé la Jeunesse ouvrière chrétienne : Mercier, Cardijn ou Van Roey ?

168

Pourquoi la ville de Liège est-elle une des seules villes à avoir reçu la Légion d'Honneur ?

169

De quel instrument la jazzwoman Nathalie Loriers est-elle une virtuose ?

170

En quel style architectural ont été édifiés les hôtels de ville de Bruxelles, de Bruges, de Louvain et d'Audenarde ?

Réponses

166 Le Westhoek (337 ha de dunes)

167 Joseph Cardijn (1882-1967)

168 Pour sa résistance face à l'invasion allemande en 1914

169 Du piano

170 En style gothique

171

En quelle langue ont été écrites *Les Aventures de Thyl Ulenspiegel*?

172

Georges Rodenbach a écrit l'unique roman symboliste de toute la littérature francophone. S'intitule-t-il *Bruges-la-morte*, *Le Bourgmestre de Furnes* ou *Bruxelles rigole*?

173

Lequel de ces romans n'est pas de Jacqueline Harpman : *La Plage d'Ostende*, *Le Bonheur dans le crime* ou *Une Belge méchante*?

174

Henri Blès, peintre paysagiste dinantais du XVIe siècle, avait l'habitude de signer ses toiles d'un petit animal. S'agissait-il d'un lapin, d'un renard ou d'une chouette?

175

Hubert Juin a écrit à propos du roman *Tempo di Roma* : «Je ne crois pas que, depuis Stendhal, on ait aussi bien parlé de Rome.» Qui est l'auteur de ce chef-d'œuvre : Henry Bauchau, Georges Eekhoud ou Alexis Curvers?

Réponses

171 En français

172 *Bruges-la-morte*

173 *Une Belge méchante* est un roman de Françoise Lalande

174 Une chouette

175 Alexis Curvers (1906-1922)

176

Jean Ray, Jean Muno, Thomas Owen ont signé beaucoup de récits littéraires d'un genre particulièrement riche en Belgique. Lequel ?

177

La Comtesse des digues, *Madame Orpha*, *Vie et mort d'un étang* sont l'œuvre d'une romancière sensible à la nature et à son terroir flamand. Est-ce Maud Frère, Nelly Kristink ou Marie Gevers ?

178

La corporation des poissonniers malinois commanda à Rubens la représentation d'un miracle. Lequel ?

179

La Légende d'Ulenspiegel est le premier chef-d'œuvre de la littérature belge au XIXe siècle. Qui est son auteur, né d'une mère wallonne et d'un père flamand ?

180

L'auteur de la pièce à succès *L'Enseigneur* est-il Thierry Debroux, Jean-Pierre Dopagne ou Jacques De Decker ?

Réponses

176 Le fantastique

177 Marie Gevers (1883-1975)

178 *La pêche miraculeuse* (triptyque visible en l'église Notre-Dame-au-delà-de-la-Dyle à Malines)

179 Charles De Coster (1827-1879)

180 Jean-Pierre Dopagne

181

L'auteur du roman *Le Lion des Flandres* est considéré comme le premier grand écrivain flamand. Son nom ?

182

Le Bruxellois Léopold Courouble est l'auteur d'une suite de romans devenus célèbres sous le titre général de : *La Famille Beulemans*, *La Famille Kaekebroek* ou *La Famille Zinneke* ?

183

Le Cocu magnifique est porté à la scène en 1920 à Paris. Le succès est tel que la pièce est traduite et jouée dans le monde entier. Son auteur est-il Paul Willems, Georges Sion ou Fernand Crommelynck ?

184

Qui Franz Liszt surnommait-il « Der famosen Kerl » ?

185

Le dessinateur de la série *La Ribambelle* est aussi le père de *Boule et Bill*. Son nom ?

Réponses

181 Hendrik Conscience (1812-1883)

182 La Famille Kaekebroek

183 Fernand Crommelynck (1886-1970)

184 Eugène Ysaÿe (1858-1931)

185 Roba (1930-2006)

186

Le grand peintre surréaliste Paul Delvaux est mort presque centenaire. En quelle année a-t-il pris ce dernier train ? (à 5 ans près)

187

Le peintre français Louis Dumoulin réalisa de 1913 à 1914 une gigantesque toile de 110 m de circonférence que l'on peut encore voir aujourd'hui en Belgique. Si vous savez où, vous savez ce qu'elle représente...

188

Le poète Verhaeren fut très célèbre de son vivant, aussi bien à Paris qu'à Bruxelles. Vous souvenez-vous de son prénom ?

189

L'édition actuelle du Bon usage est l'œuvre d'André Goosse. Mais qui fut le premier auteur de la plus célèbre grammaire française ?

190

L'église Saint-Loup de Namur, où Charles Baudelaire connut sa première attaque d'apoplexie, est-elle de style roman, gothique ou baroque ?

Réponses

186 En 1994

187 Au pied de la butte du lion de Waterloo, elle représente la bataille du même nom

188 Émile Verhaeren (1855-1916)

189 Maurice Grevisse (1895-1980)

190 Baroque (première moitié du XVIIe siècle)

191

Lequel de nos écrivains Jean Cocteau surnommait-il «le Frégoli du roman policier» : Simenon, Steeman ou Duchâteau?

192

Lequel des romans de Victor Hugo décrit longuement la bataille de Waterloo?

193

Les peintres Louis Van Lint, Mig Quinet et Jan Cox ont participé à la fondation d'un important mouvement pictural; est-ce l'École de Laethem-Saint-Martin, le Groupe surréaliste révolutionnaire ou La Jeune Peinture belge?

194

Lucien Maringer, Nicolas Cloes, Victor Lecossois ont pratiqué avec sincérité un genre de peinture «en marge». Lequel?

195

Marcel Pagnol a reconnu à propos de sa trilogie Marius-Fanny-César : «J'ai essayé de faire pour Marseille ce que Fonson et Wicheler avaient fait pour Bruxelles.» À quelle pièce bruxelloise fait-il allusion?

Réponses

191 Stanislas-André Steeman (1908-1970)

192 *Les Misérables*

193 La Jeune Peinture belge (en 1945)

194 La peinture naïve

195 Au *Mariage de Mlle Beulemans*

196

Marguerite de Crayencour est née à Bruxelles en 1903. En 1980, elle a été la première femme membre de l'Académie française. Son nom de plume?

197

Marie Howet, Albert Raty et Camille Barthélemy ont beaucoup peint une vallée ardennaise. Laquelle?

198

Né à Rome en 1880, ce grand poète passe l'été 1899 à Stavelot et y rencontre Mareye, son premier amour. Quel est son nom de plume?

199

Né en 1933 de l'imagination de Rosita Verbeeck, cet hebdomadaire féminin est toujours en vente dans nos kiosques. Son nom?

200

Né et décédé à Bruges, ce prêtre, enseignant et poète, est considéré comme le chantre de la Flandre au XIXe siècle. Son nom?

Réponses

196 Marguerite Yourcenar (1903-1987)

197 La vallée de la Semois

198 Guillaume Apollinaire (1880-1918)

199 Femmes d'Aujourd'hui

200 Guido Gezelle (1830-1899)

201

On appelle parfois ce prix littéraire le « Goncourt belge » ; il a été fondé par l'éditeur du journal Le Soir. Son nom ?

202

On visite à Ostende sa maison remplie de masques et de coquillages. Quel est le nom de ce grand peintre ?

203

Où est né Adolphe Sax, l'inventeur du saxophone ?

204

Par quel architecte le musée des Beaux-Arts de Tournai fut-il conçu : Henry Van de Velde, Gustave Serrurier ou Victor Horta ?

205

Prix Médicis 1987 pour *Les Éblouissements*, ce juriste bruxellois a été traîné en justice par la princesse Lilian pour son roman *Une Paix royale*. Son nom ?

Réponses

201 Prix Victor Rossel, décerné chaque année à un roman belge

202 James Ensor (1860-1949)

203 À Dinant

204 Victor Horta (1861-1947)

205 Pierre Mertens

206 Quel célèbre écrivain français fut ambassadeur de France en Belgique de 1933 à 1935 ?

207 Quel écrivain a avoué : « Je ne lis pas les autres écrivains. Je n'ai pas lu un seul roman depuis 1928 » ? Est-ce Simenon, Vernes ou Steeman ?

208 Quel était le premier nom du Concours Reine Élisabeth : Concours Henri Vieuxtemps, Eugène Ysaÿe ou César Franck ?

209 Quel était l'instrument de prédilection de César Franck : l'orgue, le violon ou le saxophone ?

210 Quel glorieux vestige de l'Expo 58 résiste encore au temps ?

Réponses

206 Paul Claudel (1868-1955)

207 Georges Simenon (1903-1989)

208 Concours Eugène Ysaÿe

209 L’orgue

210 L’Atomium

211

Quel musée bruxellois, installé dans un ancien entrepôt dessiné par Victor Horta, met en valeur un art où les Belges sont considérés comme des pionniers ?

212

Quel poète français reprochait aux Bruxellois de boire leur urine en dégustant le faro «tiré de la grande latrine, la Senne» ? Est-ce Baudelaire, Hugo ou Verlaine ?

213

Quelle est l'originalité de notre Académie royale de Langue et de Littérature françaises : y compte-t-on des membres étrangers, des grammairiens ou des femmes depuis sa fondation ?

214

Quelle romancière a dit : «Moi, j'écris pour continuer mon enfance» : Ariane Le Fort, Elisa Brune ou Amélie Nothomb ?

215

Quelles capitales européennes se cachent derrière les lettres du groupe pictural Cobra ?

Réponses

211 Le Centre belge de la bande dessinée

212 Charles Baudelaire (1821-1867)

213 Elle possède ces trois caractéristiques

214 Amélie Nothomb

215 COpenhague, BRuxelles, Amsterdam

216

Qui a dit : «Belgae galorum robur», c'est-à-dire «Les Belges sont l'énergie des Gaulois» ? Est-ce César, Tacite ou Ciceron ?

217

Qui a dit : «Comme les Belges ne se prennent jamais au sérieux, il faut bien le faire à leur place» ? Est-ce Léopold II, Albert Ier ou le prince Charles ?

218

Qui a dit : «Pour être plus accueillante à chacun de ses voisins, la Belgique ne peut appartenir à aucun d'entre eux.» ? Est-ce Henri Pirenne, le roi Baudouin ou Wilfried Martens ?

219

Qui était le maître des Ballets du XXe siècle jusqu'en 1987 à Bruxelles ?

220

Sous quel nom est mieux connu Joseph Van Damme ?

Réponses

216 Tacite (55-120)

217 Le prince Charles (1903-1983)

218 Henri Pirenne (1862-1935)

219 Maurice Béjart (1927-2007)

220 José Van Dam

221

Sous quel pseudonyme Wanda Ti Vasconcellos, chanteuse et actrice née au Portugal en 1962, est-elle connue ?

222

Un seul écrivain belge a reçu le prix Nobel de littérature. Est-ce Georges Simenon, Alexis Curvers ou Maurice Maeterlinck ?

223

À quelle adorable chanteuse rousse devons-nous la chanson *Le Monde tourne mal* ?

224

Ce journaliste-écrivain, né à Gand en 1920 et mort à Paris en 1998, est l'auteur de *L'Amour monstre* et avait cosigné avec Jacques Bergier le fameux ouvrage *Le Matin des magiciens*. Son nom ?

225

Ce Mouscronnois fut probablement le fantaisiste francophone le plus réputé. Jongleur de mots et de phrases, il fut, entre autres, l'interprète de *Sens dessus dessous*. Son nom ?

Réponses

221 Lio

222 Maurice Maeterlinck (1862-1949), en 1911

223 Axelle Red

224 Louis Pauwels

225 Raymond Devos (1922-2006)

226

Ces deux peintres de la Renaissance se distinguent par leur surnom « l'Ancien » et « d'Enfer ». Quels nom et prénom ont-ils en commun ?

227

Il avait créé le Théâtre de Poche en 1951 ; est-ce Henri Ronse, Roger Domani ou Michel Bogen ?

228

Jacques Brel refusa d'entrer dans les pantoufles de son père. Ce dernier était-il le patron d'une fabrique de cartons, de jouets ou de lavabos ?

229

Peintre et sculpteur, ce prince de Belgique signait ses œuvres Karel van Vlaanderen. Son nom ?

230

Pour la première fois depuis sa création, le Prix Goncourt est attribué à un Belge en 1937 pour un recueil de nouvelles intitulé *Faux-passeports*. S'agit-il de Charles Plisnier, Francis Walder ou Henri Michaux ?

Réponses

226 Pierre Breughel

227 Roger Domani

228 Fabrique de cartons

229 Le prince Charles de Belgique (1903-1983), frère de Léopold III

230 Charles Plisnier (1896-1952)

231

Quel peintre, né à Saint-Hubert en 1759, a été surnommé « le Raphaël des roses » : Craint, Redouté ou Appréhendé ?

232

Ce militaire, diplomate, banquier et homme politique né au XIXe siècle, s'est intéressé à la recherche et a fondé un prix scientifique encore très prestigieux aujourd'hui. Son nom ?

233

Le père Damien a consacré toute sa vie à soigner les victimes d'une terrible maladie. Laquelle ?

234

Le père Léon avait fondé à Bruxelles une communauté accueillante aux exclus. Était-ce La Poudrière, La Soupière ou La Pierre ?

235

Né à Charleroi en 1894, Georges Lemaître est le premier à énoncer la théorie du « Big bang », théorie qui révolutionnera l'astrophysique. Était-il poète, astrologue ou prêtre ?

Réponses

231 Pierre-Joseph Redouté (1759-1840)

232 Émile Francqui (1863-1935)

233 La lèpre

234 La Poudrière

235 Prêtre

236

Octave Callebaut (1885-1945) est-il devenu célèbre dans le monde de la haute finance, de la musique ou du chocolat ?

237

Quel homme d'affaires est le fondateur de la Compagnie des Wagons-lits : Pullman, Empain ou Nagelmackers ?

238

Quel professeur de l'ULB, d'origine suisse, fut « l'homme le plus haut et le plus profond » de son époque ?

239

Quel spécialiste en cytologie (science de la cellule vivante) a obtenu le prix Nobel de médecine en 1919 ?

240

Quelle découverte fit le Brugeois Louis de Berquen à la fin du XVe siècle ? (Cette découverte influence aujourd'hui encore l'économie belge en général et anversoise en particulier.)

Réponses

236 Il fonda la chocolaterie Callebaut

237 Georges Nagelmackers (1845-1905)

238 Le professeur Piccard (16000 m en ballon et -3150 m en bathyscaphe)

239 Jules Bordet (1870-1961)

240 La taille et le polissage des pierres précieuses

241 Où ont lieu les concerts du Concours Reine Élisabeth ?

242 Où peut-on visiter le musée national du lin ?

243 Quel bâtiment bruxellois abrite la plus haute salle des pas perdus du monde ?

244 En quelle année se sont mariés Philippe et Mathilde ?

245 Léon Delacroix fut le premier Premier ministre belge. Sous le règne de quel roi endossa-t-il cette fonction ?

Réponses

241 Au Palais des Beaux-Arts de Bruxelles

242 À Courtrai

243 Le Palais de justice

244 En 1999

245 Celui d'Albert Ier (il entra en fonction le 21 novembre 1918)

Quiz junior

1

Au 16e siècle, nous dépendons de l'Espagne, qui nous traite très mal. La guerre civile devient générale. Les révoltés se donnent le nom de...

A. Gueux
B. Bandidos
C. Guerilleros

2

Le Moyen Âge, c'est l'époque...

A. Des seigneurs et des châteaux forts comme celui de Bouillon
B. Du voyage dans l'espace de Dirk Frimout
C. Où il n'y avait pas encore de vie sur la terre

3

Quand ton papa était petit, il ne payait pas en euros. Dans quelle monnaie payait-il ?

A. En dollars
B. En monnaie de singe
C. En francs belges

Réponses

1. A. Le nom de «Gueux».

2. A. Le Moyen Âge, c'est l'époque des seigneurs et des châteaux forts.

3. C. En francs belges.

4

Le Liégeois Zénobe Gramme permet de créer avec sa dynamo (la même que celle qui se trouve sur ton vélo et qui fait fonctionner ton phare)...

A. Du vent
B. Des bananes
C. De l'électricité

5

Qui était notre 4e roi ?

A. Léopold III
B. Albert 1er
C. Baudouin 1er

6

Le Roi Albert 1er a connu une mort tragique. Laquelle ?

A. Tué en compétition automobile
B. Tué en escaladant une falaise
C. Tué à un passage à niveau

Réponses

4. C. Gramme permet de créer de l'électricité avec sa dynamo.

5. A. Léopold III.

6. B. Tué en escaladant une falaise.

7

John Cockerill va être le premier à développer l'industrie en dehors de l'Angleterre chez nous, près de Liège. Que va-t-il se mettre à produire ?

A. Des machines à vapeur
B. Des casseroles
C. Des pelles et des pioches

8

Lequel de nos rois portait une longue barbe blanche ?

A. Albert 1er
B. Léopold II
C. Baudouin

9

C'est un ensemble de petites maisons qui, avant, étaient habitées par les mineurs. Cela s'appelait...

A. Les maisonnettes
B. Les résidences
C. Les corons

Réponses

7 — A. Des machines à vapeur.

8 — B. Léopold II portait une longue barbe blanche.

9 — C. Les petites maisons habitées par les mineurs s’appelaient les corons.

10

Les sociétés où on exploitait le charbon, qui était une des richesses de notre pays dans le passé, étaient des...

A. Charbonnages
B. Sociétés Anonymes
C. Usines

11

Si Léopold II était notre deuxième roi, quel était le nom de notre premier roi ?

A. Albert Ier
B. Léopold III
C. Léopold Ier

12

La Belgique a fait la guerre contre deux pays parmi ceux cités ici. Lesquels ?

A. L'Allemagne
B. L'Amérique
C. Le Luxembourg
D. La Hollande

Réponses

10 A. Les sociétés où on exploitait le charbon étaient des charbonnages.

11 C. Léopold Ier.

12 A. et D. L'Allemagne en 1914 et 1940, la Hollande en 1830 et 1831.

13

Pendant la Première Guerre mondiale, les Allemands ont utilisé en Belgique une arme nouvelle et terrifiante. Laquelle ?

A. Une fusée explosive
B. Des gaz empoisonnés
C. Des balles chercheuses

14

En 1940 débute la Seconde Guerre mondiale. Quel est le pays qui attaque la Belgique ?

A. La Suisse
B. La Russie
C. L'Allemagne

15

Un moine va répandre la religion dans les Ardennes. Son nom est encore porté par une jolie petite ville, et c'est en plus le Saint Patron des chasseurs. C'est...

A. Saint Nicolas
B. Saint Joseph
C. Saint Hubert

Réponses

13 B. Des gaz empoisonnés utilisés à Ypres en Belgique pour la première fois le 11 juillet 1917.

14 C. En 1940, l'Allemagne attaque la Belgique.

15 C. Saint Hubert.

16

Quel est le pays qui par deux fois a déclaré la guerre à la Belgique en 1914 et en 1940 ?

A. L'Angleterre
B. L'Espagne
C. L'Allemagne

17

Quel était le prénom de notre 1er roi ?

A. Léopold
B. Arnold
C. Harold

18

En 1853, le gouvernement belge décide d'envoyer des colons un peu spéciaux en Amérique. C'étaient...

A. Des malades
B. Des fous
C. Des mendiants et des bandits

Réponses

16 C. Le pays qui, par deux fois a déclaré la guerre à la Belgique, c'est l'Allemagne.

17 A. Léopold.

18 C. Des mendiants et des bandits.

19

Ursulus était un gentil surnom que nos ancêtres, devenus romains, donnaient à leurs garçons. Est-ce que tu peux le traduire ?

A. Poupée
B. Chérie
C. Petit Ours

20

La ville de Bastogne est célèbre pour...

A. Sa fricassée
B. La bataille de l'hiver 1944-1945 qui opposa les Américains aux Allemands
C. Ses plages de sable

21

Celui que les Français considèrent comme leur 1er roi est né à Tournai, dans le Hainaut, en 465. Il s'appelait...

A. Nicolas Sarkozy
B. Napoléon Bonaparte
C. Clovis

Réponses

19 C. « Ursulus » signifiait petit ours, ourson.

20 B. La bataille de l'hiver 1944-1945 qui opposa les Américains aux Allemands.

21 C. Les Français considèrent Clovis, né à Tournai en 465, comme leur premier roi.

22

Les immigrants wallons en Amérique, il y a quelques centaines d'années, ont fondé une des villes les plus célèbres du monde. Est-ce

A. Rome
B. Paris
C. New-York

23

En 1859, sur la plage, la loi belge oblige les femmes à ?

A. Porter des lunettes de soleil
B. Porter un bikini
C. Porter une longue robe

24

Originaire des bords de la Meuse, grand-père de Charlemagne, son nom évoque le fait qu'il était brutal et dur comme un marteau. Était-ce ?

A. Charles le marteau-piqueur
B. Robert le gros marteau
C. Charles Martel

Réponses

22 C. Les immigrants wallons en Amérique ont fondé New York.

23 C. En 1859, sur la plage, la loi belge oblige les femmes à porter une longue robe.

24 C. Charles Martel.

25

Pépin le Bref était le père de Charlemagne. Pourquoi l'appelait-on «le Bref»?

A. Parce qu'il était petit
B. Parce qu'il ne faisait jamais de longues phrases
C. Parce qu'il était toujours pressé

26

L'Antiquité, c'est l'époque où...

A. Jules César attaque la Gaule Belgique
B. Vivent les dinosaures et les iguanodons de Bernissart
C. Sont construits les premiers avions

27

Quelle langue, il y a un siècle, parlait-on en Flandre chez les grands bourgeois et les nobles?

A. Le néerlandais
B. Le français
C. L'allemand

Réponses

25 A. On l'appelait « le Bref » parce qu'il était petit.

26 A. L'Antiquité, c'est l'époque où Jules César attaque la Gaule Belgique.

27 B. Le français.

28

La 1re reine des Belges était Louise-Marie d'Orléans, fille de Louis-Philippe. Son père était...

A. Roi des Chinois
B. Roi d'Amérique
C. Roi des Français

29

Notre roi est...

A. Roi de Belgique
B. Roi des Belges
C. C'est la même chose

30

Nos ancêtres, au Moyen Âge, mangeaient...

A. Des hamburgers de sangliers rôtis
B. Une mauvaise bouillie faite d'un peu de farine et d'eau
C. Des frites cuites dans de la graisse d'ours

Réponses

28 C. La 1re reine des Belges était Louise-Marie d'Orléans, fille de Louis-Philippe, Roi des Français.

29 B. Roi des Belges car il est le roi du peuple. Le territoire ne lui appartient pas.

30 B. Une mauvaise bouillie faite d'un peu de farine et d'eau.

Achevé d'imprimer en Belgique
Sur les presses de SNEL